QUESTIONS POLITIQUES

D'AUTREFOIS ET D'AUJOURD'HUI

LE CITOYEN GREC ET LE CITOYEN MODERNE

PAR

G.-L. DUPRAT,

Docteur ès lettres,

Professeur au Collège des Sciences sociales

Extrait de la *Revue Internationale de Sociologie*

PARIS

V. GIARD & E. BRIÈRE

LIBRAIRES-ÉDITEURS

16, Rue Soufflot Vᵉ arr.

1902

QUESTIONS POLITIQUES

D'AUTREFOIS ET D'AUJOURD'HUI

LE CITOYEN GREC ET LE CITOYEN MODERNE

PAR

G.-L. DUPRAT,
Docteur ès-lettres,
Professeur au Collège des Sciences sociales.

(Extrait de la *Revue Internationale de Sociologie*).

PARIS
V. GIARD & E. BRIÈRE
LIBRAIRES-ÉDITEURS
16, Rue Soufflot (Ve arr.)

1902

Questions politiques d'autrefois et d'aujourd'hui.

I

Le Citoyen grec et le Citoyen moderne.

I. — La cité.

Le trait caractéristique de la période que nous considérons ici, la période *athénienne*, pourrait-on dire car Athènes est le foyer de la civilisation grecque à ce moment, c'est l'importance de la cité. Les peuples primitifs connaissent la horde, le clan, la tribu ; ils s'élèvent tout au plus jusqu'à la *phratrie* ou la *gens*. Ce qui distingue une époque nouvelle, c'est la Cité. Fustel de Coulanges a attiré l'attention sur la Cité antique par une belle étude dans laquelle la religion, le culte apparait comme le lien fondamental de l'association politique (1). Mais *personne n'a exprimé plus fortement qu'Aristote la puissance de la conception que se faisaient les Anciens de la Cité.* C'est la Cité qui est l'État et tout l'État. Dans l'ordre de la genération, qui est généralement l'inverse de l'ordre rationnel, de l'ordre ontologique, c'est la famille qui est première. Et, en effet, la Grèce semble avoir connu surtout au début les rivalités entre familles puissantes : les Eumolpides, les Cécropides, les Géphyréens, les Phytalides, les Lakiades (2), chacune de ces familles étant composée non seulement des ascendants et des descendants directs, mais encore des protégés, des associés ou clients, des serviteurs, des esclaves. Mais aux yeux d'Aristote, la fin de ces premiers groupements est la *Cité*, « qui existe par nature (3) antérieurement à la maison et aux individus » (4) (« antérieurement » entendu dans l'ordre des fins, qui est le plus important aux yeux d'Aristote, la fin

---

(1) « La Cité antique, » p. 146.

(2) Cf Plutarque, cité par Fustel de Coulanges, *op cit.*, p. 149.

(3) Polit., I, 2, 1252 b. 31, 1253 a 2 et 27.

(4) *Ibid.*, I, 2, 1252 b. 31, 1253 a. 19 et 25.

étant toujours antérieure au moyen, un acte antérieur devant déterminer l'actualisation des virtualités).

La Cité n'est pas seulement un moyen pour les hommes de subsister en s'assurant le nécessaire; elle a pour fin la vie heureuse, la vie parfaite, et non pas seulement le bien pour les individus, mais son bien à elle, son complet achèvement, sa perfection qui consiste en son indépendance à l'égard de tout le reste du monde, indépendance matérielle au moins autant que morale (1). Il faut donc qu'elle soit pourvue de tous les biens, qu'il y ait en elle la plus grande diversité possible de ressources en même temps que la plus étroite union entre éléments hétérogènes. La Cité parfaite ne diffère pas foncièrement de la divinité, car la perfection divine exclut toute action externe ; le bonheur divin consiste dans la contemplation de sa perfection ; de même le bonheur de la Cité est intimement lié à une activité tout interne (2). C'est pourquoi elle s'abstient de guerre, de commerce, car la guerre n'est pas la fin de l'association politique, pas plus que les alliances et les conquêtes (3) ; et quant au négoce il est indigne de l'homme libre, à plus forte raison de la cité libre.

On voit combien la pensée grecque est loin de s'accorder avec la pensée moderne et même avec la pensée stoïcienne, celle qui inspirait un Marc-Aurèle s'écriant : Je suis le citoyen du monde. Le cosmopolitisme semble n'avoir pu naître qu'après la profonde transformation introduite dans la cité romaine par le régime militaire, par le césarisme et l'admission de tous les riches étrangers au nombre des citoyens romains. La décadence de l'impérialisme pouvait seule permettre la forme nouvelle qui se manifesta d'abord sous l'aspect de la féodalité, ensuite par la lutte des seigneurs contre le roi et le peuple unis, plus tard par la centralisation monarchique, enfin par le fédéralisme.

Mais le fédéralisme contemporain pourrait sembler un retour à la confédération des cités grecques, quelqu'instable qu'ait été l'union de ces petites puissances, — si nous n'avions chez Platon et chez Aristote l'expression aussi nette que possible des tendances de chaque cité à la plus complète indépendance.

---

(1) *Ibid.*, IV, 4, 1291 a. 17, III, b. 1278 b. 16, sqq.
(2) *Ibid.*, VII, 3, 1325 b. 30.
(3) *Ibid.*, III, 6, 1278 b. 16, 1280 b. 31.

sur l'ἀγορά aux délibérations gouvernementales? A quelles conditions était-on citoyen, c'est-à-dire suivant Aristote (1) susceptible d'avoir une part légale à l'autorité délibérative et judiciaire, d'avoir pour mission de veiller au salut de la cité et à la conservation du gouvernement établi?

Notre question diffère de celle que se pose Fustel de Coulanges (Cit. ant. p. 231). « Si l'on veut trouver une définition du citoyen, dit-il, il faut dire que c'est l'homme qui a la religion de la cité ». Ceci n'est vrai que pour distinguer le citoyen de l'étranger.

Ce sont précisément ces conditions qui varient de peuple à peuple, de cité à cité, et dans la même cité selon les temps et les circonstances. Nous voyons à Athènes Clisthène augmenter le nombre des citoyens en faisant entrer dans les dèmes (subdivisions qui remplaçaient les phratries) une « multitude d'individus considérés jusqu'alors comme de race servile ou étrangère et n'ayant joui jusqu'à ce moment d'aucun droit politique » (2). Plus tard nous voyons Aristide faire reconnaître tous les citoyens, sans condition d'âge ou de naissance, aptes à remplir toutes les fonctions publiques, dès lors attribuées par la voie du sort, les fonctions de stratège exceptées. Ephialtès, au dire de Platon, « versa au peuple athénien à pleine coupe la liberté et l'égalité ». Après Périclès, c'est la foule qui gouverne; les plus vils des habitants d'Athènes peuvent devenir des démagogues tout puissants. Mais après le désastre de Sicile le nombre des citoyens fut réduit par une réaction aristocratique à peu près à celui des aristocrates et des combattants. Malgré les efforts de Thrasybule et de la démocratie de Samos, le nombre des citoyens athéniens resta limité à cinq mille; après quelques alternatives de tyrannie et de démagogie, il n'y eut plus de citoyen athénien : la ville de Minerve avait perdu sa liberté.

Il n'y eut donc pas moins de trois grandes modifications apportées à Athènes dans la conception du citoyen.

Platon et Aristote refusent à peu près constamment, non seulement à l'esclave, mais encore à l'ouvrier et au trafiquant, le titre de membre actif de la cité. Les éléments indispensables à un État sont, au dire d'Aristote (3), ceux qui lui apportent des moyens

(1) Politique, IV. 1 et 2.
(2) Aristote. Polit., IV. 1 et 20.
(3) Politique, VII, 7.

1° de subsistance; 2° d'industrie; 3° de défense; 4° de richesse; 5° de culte; 6° de justice et de gouvernement: laboureurs, artisans, riches, prêtres, magistrats).

Pourquoi les éléments indispensables à la cité ne jouissent-ils pas tous des mêmes avantages? Pourquoi précisément les hommes indispensables à leurs concitoyens puisqu'ils leur procurent les vivres, les vêtements, les matières premières de toute vie commune, puisqu'ils sont ou les producteurs directs des choses de toute nécessité, ou les agents qui les procurent, pourquoi sont-ils traités comme s'ils avaient une nature inférieure? Ne voit-on pas Platon ne se préoccuper en rien de l'éducation des enfants de laboureurs?

Préjugé commun, dira-t-on, à tous les grands écrivains de l'antiquité grecque et romaine. Encore faudrait-il expliquer ce préjugé commun. Précisément parce qu'il est général il doit avoir une cause générale. Aristote dit en maint endroit que les travaux serviles ou les préoccupations mercantiles avilissent l'âme. D'après lui, il n'y a même rien de plus avilissant que le trafic qui a pour objet la réalisation de bénéfices (1), qui tend à faire rapporter à l'argent monnayé un revenu quelconque. Il ne faut pas élever au rang de citoyens tous ceux dont la cité a besoin pour exister, et qui se trouvent eux-mêmes le plus souvent obligés de travailler pour vivre (2). Quelques oligarchies pourraient admettre comme citoyens les artisans enrichis; mais il faudrait qu'elles fussent uniquement préoccupées de la fortune et point de la vertu.

Peut-être trouverons-nous un commencement d'explication à ce mépris de l'antiquité pour le travail manuel et les opérations commerciales dans l'analogie établie par Platon entre la 3e classe de sa République et la 3e partie de l'âme, l'ἐπιθυμία. Ce n'est pas seulement parce que les artisans et les laboureurs constituent la classe inférieure, qu'ils présentent une ressemblance avec les fonctions inférieures de l'âme; c'est surtout parce qu'ils n'ont guère que des appétits, sans courage et sans réflexion, qu'ils sont placés au dernier rang dans l'État.

Aristote ne les rapproche de l'esclave que parce qu'ils ont en majeure partie le tempérament de l'esclave. Excellents instruments pour les œuvres qui ne demandent que de la force musculaire, ils ne

(1) Politique, I.
(2) Politique, III, 3.

peuvent pas devenir des êtres dont le courage et la sagesse font la première vertu. Ils sont des moyens et pas des fins. Aristote, en mainte occasion, a affirmé la supériorité de la recherche désintéressée sur les investigations profitables; il admet que la science puisse fournir la puissance et la richesse, comme dans le cas de Thalès de Milet spéculant sur l'ignorance de ses contemporains (1); mais il lui demande surtout l'ennoblissement de l'être raisonnable. La satisfaction des appétits humains, des besoins matériels n'est pas, à son avis, la fin de la science, par conséquent ceux qui y travaillent sont aussi inférieurs aux autres hommes que la seconde partie de l'âme, la partie irrationnelle, l'est à la première, l'âme raisonnable. Or, il faut que le système des lois soit conforme au système de l'âme (2).

Nous ne nous attarderons pas à discuter la nécessité affirmée par Aristote et par Platon de prendre pour base de l'organisation politique l'organisation mentale. Il est une pensée plus intéressante à dégager. Est-il vrai, comme l'affirme souvent Aristote, d'après Platon toujours, que l'activité inférieure nuise à l'activité supérieure, que le souci des biens matériels et des travaux dits serviles soit un obstacle insurmontable à l'élévation de la pensée et des sentiments? (Car c'est bien là, au fond, la cause du dédain manifesté par l'aristocratie intellectuelle d'Athènes et de Rome pour les travailleurs, les industriels, les trafiquants.)

Si oui, une organisation sociale qui donne le titre de citoyen à tous les hommes sans distinction, est telle qu'elle voue irrémédiablement l'État à la médiocrité, à l'infériorité politique même. C'est une question de psychologie individuelle et de psychologie sociale qui nous est ainsi posée.

Elle est d'ailleurs connexe de celle de l'esclavage. On appelle esclave celui qui est privé de tout droit et qui est contraint au travail comme une bête de somme. D'après l'auteur d'une étude récente, le Dr Nieboer (1), l'institution de l'esclavage en un pays et la conservation de cette institution sont intimement liées au mode économique d'existence : les peuplades ou nations à ressources limitées, bien

---

(1) Polit. I, *ad finem*.

(2) Polit. VII, 13.

(3) Slavery as an industrial system. La Haye, 1900.

définies, n'ont pas d'esclaves. Le contraire se produit quand les ressources sont illimitées.

Aussi voit-on l'esclavage s'établir surtout chez les agriculteurs supérieurs.

Mais le Dr Nieboer indique à côté de ces causes économiques une raison plutôt ethnologique : la proximité relative de peuplades ou de nations dont les unes sont intellectuellement et moralement inférieures aux autres.

Nous pouvons, par les conclusions de cette étude, faite exclusivement sur les peuples sauvages, mieux comprendre la question de l'esclavage dans l'antiquité grecque. La Grèce se trouvait à proximité des nations asiatiques qui étaient vraiment bien inférieures au point de vue mental et moral aux peuplades hellènes. Aristote a fait des hommes de ces races inférieures un portrait qui correspond encore malheureusement à la nature foncière de bien des gens à l'âme servile. Dès la naissance, ils paraissent destinés à obéir. L'usage des forces corporelles est leur fonction prépondérante. S'ils participent à la raison, ils n'en ont pas la plénitude. Leur hérédité pèse parfois d'un poids très lourd sur toute leur destinée : toute une race privée de la liberté ne peut guère donner naissance à des générations nouvelles avides de liberté. Aussi voit-on l'être inférieur heureux dans la servitude, heureux de faire parade de sa force musculaire, heureux d'être une bonne bête de somme. Il n'a que des appétits qu'il est aisé de satisfaire. Sa lâcheté ne lui a pas même permis de se défendre quand on le poursuivait comme à la chasse d'une bête qu'on se propose d'apprivoiser et de domestiquer. Il n'a su que fuir, montrant son inaptitude au courage et par conséquent à la vertu virile (1). Il faut que son maître se fasse la cause du peu de vertu qu'il acquerra dans la suite (2). L'autorité du maître est pour lui le plus grand bienfait, puisqu'il n'exerce pas de maîtrise sur soi-même (3).

Ce n'est donc pas le fait de l'asservissement, de la conquête brutale, qui légitime aux yeux d'Aristote la division de l'humanité en deux parties. C'est là une division naturelle provenant de la distinction faite par la nature même qui, en principe, a fait les uns pour

---

(1) Polit. I. 2.
(2) *Ibid.*, I. 4.
(3) Polit. I. 2.

s'occuper de la vie politique, les autres pour servir d'auxiliaires aux premiers en les « aidant comme les animaux, par les forces du corps, à satisfaire aux nécessités de l'existence » (1). Aussi, en général, la noblesse ou l'abaissement de l'âme peuvent-ils être inférés de l'attitude du corps (2). Les hommes libres, nés pour être citoyens, ont une plus belle stature, ils portent la tête plus droite, ont une démarche plus noble; les artisans, les laboureurs, les esclaves sont courbés vers le sol par l'habitude des métiers manuels.

Y a-t-il dans ce tableau seulement l'effet d'un point de vue aristocratique, tout opposé au point de vue moderne de la fraternité universelle? Notons qu'Aristote, tout partisan qu'il est de l'esclavage en général, ne parle nulle part de la traite des esclaves et que ce qu'il dit du commerce, de l'usure, des bénéfices (3), nous est une garantie de sa réprobation à l'égard du trafic des êtres humains ; notons de plus qu'il affirme avec énergie les devoirs du maître envers l'esclave, qu'il veut que le maître non seulement soit bienveillant — ce que Platon prescrivait en semblant regretter parfois l'institution même de l'esclavage — mais qu'il se fasse l'éducateur, qu'il soit l'artisan du peu de vertu réalisable chez celui qui lui obéit, qui lui appartient entièrement (parce que d'ailleurs c'est un bien pour l'esclave d'appartenir à quelqu'un de bon et libre). L'idée de faire de tout homme sans exception une fin et jamais un simple moyen est chrétienne ; elle a été développée par Rousseau sous l'influence d'un amour exagéré pour la liberté primitive arbitrairement supposée et pour un « droit naturel » tout hypothétique ; elle a été exprimée avec la plus grande vigueur par Kant. Mais elle était en germe dans le stoïcisme qui, participant du cynisme et de son mépris pour la richesse et les vertus innées, avait en outre pour fondement l'idée d'un λογος réparti entre tous les hommes.

Or la psychologie nous apprend à la fois à moins mépriser que ne l'ont fait les stoïciens, les chrétiens et Rousseau, les vertus acquises par plusieurs générations, transmises par voie héréditaire — et d'autre part à tenir compte de la dégénérescence mentale, à attribuer plus de prix à la régénération d'une espèce par l'introduction de facteurs étrangers à l'hérédité intellectuelle des classes raffinées.

---

(1) Polit. I. 2.
(2) *Ibid.*
(3) *Ibid.*, I. 3.

Nous sommes obligés par la science d'être à la fois adversaires de Rousseau et d'Aristote, mais peut-être moins d'Aristote que de Rousseau.

Il y a des natures inférieures dans la multitude des natures humaines; il y a des êtres qui ont besoin d'être guidés et qui aiment le joug sous lequel on les courbe. Il y a des natures serviles, et ce sont non seulement des natures primitives, mais bien plus souvent encore des produits de la dégénérescence mentale et morale. Sous la fierté apparente de l'attitude, souvent se cache déjà — Aristote l'avait remarqué — le germe de la plus complète servilité. Et il y a dans certaines natures grossières des ressources qu'Aristote n'a pas soupçonnées; on ne peut reconnaître leur grandeur qu'après les avoir soumises à l'éducation, qu'après leur avoir fourni les moyens de se développer.

Le citoyen n'est donc pas seulement celui qui est né de parents libres: le fils d'une esclave et d'un eupatride a bien des chances d'être mentalement et moralement supérieur au fils de deux aristocrates, les parents de part et d'autre étant exempts de tares accidentelles trop pernicieuses. C'est pourquoi on n'a pas le droit *a priori* de priver du titre et des droits du citoyen un homme quel qu'il soit. Ceci dit sans donner raison aux partisans d'une égalité foncière de tous les hommes, leur affirmation ne pouvant s'appuyer que sur des considérations d'ordre métaphysique.

Quant aux mauvaises habitudes que donnent au citoyen, d'après Aristote, le travail manuel et les soins de la vie matérielle en général, il y a assurément lieu de faire ici une analyse psycho-sociologique plus profonde que ne l'a faite Aristote.

Il va sans dire que le seul souci ou même un souci prédominant des intérêts commerciaux, industriels ou agricoles, des intérêts dits matériels, a fatalement pour conséquence chez l'individu un affaiblissement des sentiments élevés, non pas que les deux ordres d'affections soient incompatibles, mais parce que, dans l'hypothèse envisagée, le souci de ce qui doit n'être qu'un moyen est devenu un souci exclusif et a transformé le moyen en fin. Dans de telles circonstances, des défauts, des vices, apparaissent qui font que l'individu réalise le type de l'avare, de l'avide, du cupide, du brutal, du jouisseur, etc. Les défauts ou vices de cet ordre ne sont tels en effet que parce que la suprématie d'une tendance inférieure empêche la réalisation du système normal qui constitue l'honnête homme.

Or un type individuel devient vite, grâce à l'imitation, un type collectif, un type social; d'autant plus vite même que les conditions dans lesquelles l'individu s'est formé sont plus générales. L'universalité des besoins matériels fait donc naître un danger, celui de voir se constituer des esprits d'intelligence insuffisante, de développement incomplet, une classe de citoyens aux tendances mercantiles et grossières.

Aristote nous signale avec raison le péril; nous le voyons plus clairement que lui grâce aux lumières fournies par la psychologie sociale contemporaine. Mais nous apercevons des remèdes qu'il eût pu peut-être concevoir, qu'il n'a pas même signalés.

Son erreur a été de croire aux types immuables. La nature est pour lui un ensemble de formes hiérarchisées, mais de formes éternelles que les individus cherchent à réaliser sans pouvoir passer d'un genre à l'autre: οὐκ ἔστι μετάβασις εἰς ἄλλο γένος. Il a fait de la forme servile et de la forme libre deux types irréductibles sans passage de l'un à l'autre, et l'influence de la doctrine platonicienne des Idées, qui réalisait une essence pour chaque abstraction, apparaît fort nettement ici. Est-il besoin de dire qu'il n'y a pas lieu de s'arrêter à un tel préjugé et qu'il faudrait de tout autres preuves pour nous décider à admettre l'incapacité d'un homme de nature inférieure à devenir un citoyen libre?

Pour que les travailleurs puissent devenir de bons citoyens, il suffit qu'ils reçoivent une éducation convenable et qu'ils aient le loisir de s'occuper des choses de l'esprit et des grands intérêts collectifs. L'instruction et l'éducation pour tous, une limitation imposée à la durée du travail manuel, industriel, commercial, voilà les fondements d'une transformation complète des Etats aristocratiques en Etats démocratiques.

Il ne s'ensuit pas que tous les hommes, ayant reçu une bonne instruction et une bonne éducation, ayant été gratifiés de loisirs et amenés par les moyens sociaux les plus puissants à éprouver des sentiments plus relevés, deviendront pour autant des hommes libres. Il y aura toujours des natures serviles, bonnes seulement pour des œuvres serviles. L'important est d'en diminuer le plus possible le nombre, d'avoir foi dans un progrès qu'Aristote n'a que très imparfaitement conçu.

III. — LA CONCEPTION DE PLATON

Une fois admis que le citoyen doit autant que possible ne pas se laisser dominer par le souci des satisfactions à accorder aux besoins matériels, nous devons chercher à préciser la conception du citoyen. Mais d'après Platon il n'y a pas à proprement parler de citoyen. On trouve sans doute des passages où il est question d'une juridiction exercée par tous, mais c'est parce qu'il y a faute envers tous, dommage public (1). La division des castes paraît toute naturelle à Platon : les magistrats, les guerriers et la foule semblent participer à ses yeux de trois essences différentes. Il y a autant de distance entre un magistrat et un guerrier qu'entre un ouvrier, un trafiquant grec et un esclave pris parmi les Barbares. Le Barbare est celui que l'on ne peut nommer ni parent, ni ami, qui est complètement étranger, et par nature incapable d'entrer dans la grande famille grecque (2) ; mais l'ouvrier est par nature incapable de courage, et le guerrier est par nature incapable de sagesse. Il y a une hiérarchie, et comme le dit Aristote partout où il existe du meilleur et du pire, il n'y a pas de définition commune possible (3) : il n'y a donc pas de définition commune à donner des divers genres d'Athéniens ou de Grecs que Platon détermine par sa constante division de l'État en trois classes d'hommes. « Tout État est essentiellement composé d'un certain nombre de personnes... ayant chacune sa fonction... apportant chacune en *naissant* ses aptitudes propres. Il ne s'agit pas de former un État de pourceaux, satisfaits quand les besoins de la nourriture ont été assouvis. Il y a une foule de gens que le luxe y introduits (4) ; et la justice naît précisément d'un rapport convenable entre les individus ayant des aptitudes toute différentes, des besoins tout différents. » Ce qui importe pour Platon c'est l'organisation de la Cité et non les droits du citoyen. On peut dire que chez lui l'individu n'a que des devoirs et que s'il avait été appelé à définir le citoyen, il l'aurait assurément fait ainsi : l'instrument vivant d'une organisation politique. D'où vient cette absence à peu près complète d'un souci qui nous paraît si légitime, celui des droits individuels? Est-ce que pour Platon, théoricien du monde des Idées, l'individu, s'il

---

(1) Lois VI 768 a οἱ γὰρ αδικούμενοι πάντες εισίν ὁποταν τις τὴν πόλιν αδικῆ, καὶ Χαλεπῶς ἂν ἐν δίκη φέροιεν ἄμοιροι γιγνόμένοι τῶν τοιούτων διακρισεων.

(2) République livre V, III, 6.

(3) Cf. *de anima* livre 1er, 2 Cf. Polit. III, 1.

(4) Républ. titre II, V.

existe vraiment, n'est pas *infiniment* inférieur à l'Idée qui correspond à toute collectivité? Est-ce que l'Idée de l'État n'est pas bien plus élevée dans la hiérarchie des Formes que cet *individu* né lorsque, de participation en participation, les Essences suprêmes se sont abandonnées à la déchéance dans l'infini (1)?.

Mais est-ce seulement par esprit de système, par un réalisme complètement antagoniste du nominalisme et de l'individualisme modernes, — que Platon est devenu, en matière politique, aussi résolument communiste? Son éducation aristocratique, sa naissance, ses mœurs, ses amitiés, sa fortune, le prédisposaient sans doute à l'esprit de caste. Mais il ne faudrait pas omettre de mentionner surtout l'influence du mysticisme et celle du Pythagoréisme plus ou moins ascétique.

Tandis que, comme le dit M. Renouvier (2) « l'esprit aristocratique des Sages de la Grèce est bien éloigné de toute théocratie, la puissance de leurs lois n'ayant pour fondement que la raison individuelle », l'esprit dorien, « qui se développe dans les cités libres de l'Italie formées par les colonies grecques, et prend pour lui la religion esotérique, les mystères, — tend politiquement à constituer l'aristocratie avec plus d'insistance et de profondeur; il la voudrait sacerdotale »; il rêve « d'absorber la démocratie, son ennemie, dans une savante et religieuse étreinte ». Pythagore introduisit dans une de ces colonies grecques un nouveau ferment de mysticisme; il « vint replonger l'Occident dans liens de la mysticité dont il se dégageait à peine » (3); les femmes et les jeunes gens furent pris d'enthousiasme pour « un ordre social et religieux qui se présentait revêtu d'un d'un caractère de grandeur et d'élévation inconnu alors à la religion vulgaire. »

On ne sait jusqu'à quel point les Pythagoriciens pratiquèrent le communisme : ce fut assurément une de leurs doctrines (4), une des prescriptions qui concernaient la caste supérieure tout au moins. On ne sait pas mieux jusqu'à quel point le communisme s'allia effectivement à l'ascétisme. Ce qui n'est pas douteux, c'est qu'en théorie

(1) Cf. le Parménide.

(2) *Manuel de philosophie ancienne*. T. I, p. 85.

(3) Renouvier. *Ibid.*, p. 87.

(4) Cf. Aulu-Gelle, Noct. att. I, 9. Rimée dans Diogène L. Vie de Pyth. VIII, 10.

les plus anciens Pythagoriciens estimaient l'abstinence de tous les plaisirs et même peut-être de bien des satisfactions naturelles indispensable au vrai sage (1). L'abstinence de toute nourriture animale était déjà d'ailleurs recommandée par les Orphiques.

Or l'abstinence, l'ascétisme, permettent, favorisent le communisme, bien qu'ils ne l'aient pas pour fin avouée, ni pour fin nécessaire : il peut y avoir d'autres buts que le communisme proposés aux cénobites; mais il n'y a guère de meilleur moyen à proposer aux communistes que l'ascétisme.

Platon a donc trouvé chez les Pythagoriciens un lien solide établi entre le mysticisme vers lequel il inclinait et le communisme aristocatique dont il ne tarda pas à faire la théorie, une des plus belles que nous ayons. Telle est l'influence qui, jointe à celle des disciples de Parménide et d'Héraclite, fit que Platon négligea, en polititique comme en philosophie, l'individu, le citoyen. Il était besoin d'une aussi longue digression pour expliquer quelque chose d'aussi contraire à l'esprit grec en général que l'ignorance voulue du citoyen.

IV. — LE CITOYEN D'APRÈS ARISTOTE.

Tout citoyen doit être investi d'un pouvoir; on doit lui reconnaître certains droits; Aristote l'a bien vu et l'a mainte fois répété. Pour Platon, l'élément politique par excellence, ce qui correspond à l'excellent citoyen, c'est l'être moral, qui a la moralité permise à lui par sa nature. Pour Aristote il y a lieu de faire une distinction entre l'homme moral et le citoyen. Ce n'est pas qu'il y ait une distinction essentielle entre l'Ethique et la Politique : la première fait partie de la seconde, en dépend, car la politique est, de toutes les sciences, la plus élevée (2).

La fin dernière de la pratique est le bonheur (3). Or le plus élevé des biens est la justice ou l'utilité générale (4), car le bien propre à chaque être est ce qui en assure la persistance (5). Assurer la per-

(1) Cf. Diogène VIII, 20.

(2) Polit. III. 7. Cf. Eth. Nic. I. 1.1094 610, πολιτική τις οὖσα.

(3) Eth. Nic. I, 2. 1095 a 10.

(4) Polit. IV. 7.

(5) Polit. II. 1. Cf. Spinoza : Le bien le plus haut est celui qui satisfait la tendance de l'être à persévérer dans son être.

sistance de la forme politique, c'est répondre au vœu de la nature et de la raison, car la société est un fait naturel ; l'homme est social, ζῶον πολιτικόν, par nature ; il ne peut être vertueux et heureux que dans la vie politique bien organisée (1).

Mais la vertu politique et la vertu éthique, surtout la vertu théorétique, n'en diffèrent pas moins l'une de l'autre. La vertu théorétique est un idéal de la Raison universelle (2) ; elle convient plutôt à un Dieu qu'à un homme. « La vie contemplative (qui la réalise) est supérieure à la vie humaine... Ce n'est pas en tant qu'homme qu'on peut vivre ainsi, mais en tant qu'on possède en soi quelque chose de divin », en tant qu'on s'efforce à de rares instants de se rendre digne de l'immortalité (3).

La vertu de l'homme est celle de toutes les parties de son âme. La Sagesse étant la vertu de l'intellect qui s'acquiert par la science et l'expérience, il faut y joindre la prudence qui a pour objet le particulier et s'oppose par là même à la raison : c'est elle qui fait la délibération, l'excellence de l'Intellect pratique (4). Mais la prudence domine et tempère la passion (5) ; en tout elle fait rechercher la modération, le juste milieu, non « celui qu'on prend entre deux choses, mais celui qu'on établit par rapport à soi » (6).

La vertu humaine consiste en conséquence dans une manière d'être permanente qui fait que l'on se comporte d'une certaine façon à l'égard des passions (7). Or chaque homme a ses passions propres ; il s'ensuit que chaque homme a des vertus différentes bien qu'elles portent le même nom. Toutes les vertus sont des manières d'être relatives (8). Il y a même des vertus corporelles qui résultent de l'harmonie des contraires et que l'on appellerait peut-être de nos jours des « idiosyncrasies ». Elle sont vraiment des vertus quand, « comme la santé et le bien-être, elles consistent dans le mélange et l'harmonie du chaud et du froid par rapport au dedans et au dehors » (9).

---

(1) Polit. I. 2. 1253 a 2 ; III, 6, 1278 b 19 ; Eth. Nic. IV, 9 1169 b 17 ; V, 3, 1130 a 3 ; 10, 1134 b 5.

(2) Cf. Ethique à Nicom. X, 7.

(3) Eth. Nic. VI, 7 et 12.

(4) Magn. Mor. 1.35.

(5) Eth. Nic. II. 5.

(6) Eth. Nic. I. 6, 1098 a 7 ; 10, 1099 b 26 ; 13, 1102 a 5 ; II, 5, 1106 b 21.

(7) Eth. Nic. II. 6, 1156 b 26 ; 1106 a 11.

(8) Phys. H. 3. 246 b 3.

(9) *Ibid.*

Les vertus morales sont de même des dispositions permanentes à un juste milieu par rapport à la fois au sujet et aux êtres qui l'environnent. C'est pourquoi la vertu humaine ne peut parvenir à une complète détermination — à une perfection relative, puisque pour les Anciens perfection et détermination complète sont inséparables — que dans la société et dans une société donnée, ayant une constitution définie.

Donc, quand nous disions qu'il ne fallait pas confondre la vertu morale et la vertu politique chez Aristote, nous voulions dire non pas que celle-ci est nécessairement inférieure à celle-là, que la vie politique est comme une dégradation de la vie morale ; mais, bien au contraire, que la vie morale n'a sa pleine signification, n'apparait avec toutes ses difficultés, qu'au sein de la vie politique. Dans une cité parfaite, de constitution saine, le citoyen peut atteindre la perfection morale. Mais dans une cité dont la constitution est mauvaise, l'adaptation — car il s'agit bien ici d'adaptation de l'être au milieu — de l'individu moral aux exigences de la cité, ne laisse plus de place qu'à une vertu bien relative.

Le citoyen vertueux sera celui qui, dans une cité donnée, y deviendra également *apte à commander et à obéir* (1). Or nous avons vu que le barbare, l'artisan, le trafiquant, le laboureur exclusivement préoccupés de leurs « œuvres serviles », s'ils peuvent devenir aptes à obéir, ne sauront jamais commander. Et même ils ne sauront pas obéir comme le vrai citoyen, car celui-ci n'obéira jamais qu'à la loi. En tant que sujet à l'obéissance de la loi, sa vertu sera un jugement sain et droit (2) qui lui fera apprécier les exigences de la raison, que la loi formule.

Il peut se faire que le citoyen ait à obéir à des tyrans, à des volontés contraires à la loi juste et raisonnable ; il n'en restera pas moins digne d'être appelé citoyen s'il est capable de juger sainement de ce qui doit être fait pour le bien de la cité, car la recherche de l'intérêt général reste le critère de la bonne organisation sociale ; la recherche de l'intérêt privé est au contraire la marque de l'organisation défectueuse (3). Le bon citoyen ne recherchera donc jamais son intérêt. Il ne sera vraiment citoyen qu'à la condition de montrer

(1) Polit. III. 2.
(2) Polit. III. 2.
(3) Polit., livre III, chap. 4 et 5.

du désintéressement ou tout au moins de concilier l'intérêt public et l'intérêt privé.

Aristote aboutit ainsi à faire dépendre la qualification de citoyen d'un devoir très général, d'une obligation commune : celle de servir les intérêts de la cité avant de chercher à servir ses intérêts individuels. Comme conséquence il reconnait au citoyen le droit d'exercer un pouvoir, une magistrature, une fonction publique.

Bien loin de distinguer le fonctionnaire du citoyen il fait de la charge publique, la marque de l'honneur civique.

Pour les Grecs, l'honneur suffisait à rétribuer l'emploi, la fonction publique ; mais la charge acceptée impliquait avec de grosses dépenses l'obligation de rendre des comptes. Ce fut un pis-aller que la condition faite tardivement aux gens du peuple, qui, pauvres, reçurent un paiement pour accomplir leurs devoirs de citoyen.

Devons-nous voir dans le principe de la gratuité des fonctions publiques une conséquence de l'esprit aristocratique, désir de conserver pour les riches seuls les plus hautes charges de l'État ? Ou bien devons-nous n'y constater qu'une survivance de mœurs plus antiques, de l'époque où le soin des affaires publiques et celui des affaires privées étaient si intimement mêlés qu'il n'y avait pas encore de fonctionnaires, d'agents du pouvoir, par opposition aux sujets sur lesquels s'exerçait le pouvoir ?

Quoi qu'il en soit la division du travail social, dans les temps modernes, et dans l'antiquité la séparation nette entre le pouvoir despotique ou tyrannique avec ses agents, et le peuple contraint à l'obéissance, donnent au citoyen grec une physionomie originale.

V. — L'Intellectualisme.

Le type psycho-sociologique correspondant au citoyen conçu par Aristote est celui de l'homme libre, jouissant de la liberté politique.

La liberté ne se réalise pas dans l'isolement. Quand l'homme vit seul, sans lois et sans codes, il est le pire des animaux, à moins d'être plus qu'un homme (1). Pour être vraiment ce qu'il doit être, il lui faut reconnaître l'empire de la loi, nous venons de le voir.

(1) Polit. I, 1. Cf. la conception du « surhomme » de Nietzsche. Il est vrai que le Surhomme cherche à diriger la Société formée par des êtres inférieurs à lui.

Or, la loi est un « ordre, » qui établit une juste relation entre les personnes (1); elle est « la mesure ou l'image de tout ce qui est juste par nature » (2). Il ne faut donc pas plus l'opposer à la nature que l'intellect lui-même, auquel la nature obéit. « La loi est l'intellect non accompagné de tendance » (3); elle est la raison figée, cristallisée, pour ainsi dire. Lui obéir, c'est donc obéir à la meilleure partie de soi-même, c'est rester libre.

La loi prescrit ce qui est conforme à toutes les vertus; c'est elle qui détermine ce qui est juste et injuste. « Tout ce qui est prescrit par la loi est juste. » Il s'ensuit que les lois ont nécessairement pour fin l'utilité générale et ce qui peut avoir pour effet le bonheur de tous (4). Ainsi se concilie la liberté individuelle et la recherche du bien public, du plus grand bonheur du plus grand nombre.

Or, un bien estimé de tous, peut-être le plus estimable des biens, est le pouvoir de rester maître de soi dans la plus complète indépendance possible (5).

Aristote estime que la béatitude, la chose la plus désirable de toutes, est la possession de tous les biens, l'absence de tout besoin (6). L'αὐτάρκεια étant le bien par excellence, la famille ou pour parler plus exactement la maison peut la posséder bien mieux que l'individu et la cité bien mieux encore que la maison (7) mais elle est en tous cas interdite à l'esclave (8). Elle est ainsi réservée au citoyen, et dans le citoyen à l'Intellect, qui peut pleinement se satisfaire lui-même par la contemplation de l'Intelligible, qui se satisfait effectivement dans la béatitude divine.

La liberté individuelle est comme une approximation humaine de l'inaccessible αὐτάρκεια; cette liberté emprunte à la complète indépendance de l'intellect son sens positif: elle n'est le plus souvent considérée par Aristote que dans son sens négatif et par opposition à la servilité, à l'activité intéressée. Mais il est suffisamment établi

---

(1) Polit. h. 4, 1326 a. 30.
(2) Topique s. 140 a. 7.
(3) Polit., III, 15-16; 1286 a. 19, 1287 a. 32.
(4) Ethique E. 3, 129 b. 19; 15, 1138 a. 7.
(5) Eth., I, 5, 1097 b. 7, αὐτάρκεια τέλος καὶ βέλτιστον.
(6) Eth. Nc., I, 5, 1097 b. 14 sqq.
(7) Polit., II, 2, 1261 b. 11; I, 2, 1253 a. 26; IV, 4, 1291 a. 14, *vide supra*.
(8) Polit., IV, 4, 1291 a. 10.

à nos yeux que l'homme libre est ce que l'on appellerait volontiers de nos jours, si l'on n'avait abusé de ce terme, un *intellectuel.*

L'intellectualisme en morale et en politique est la doctrine constante de Socrate, de Platon et d'Aristote, malgré l'aspect utilitariste de la doctrine du premier et l'eudémonisme apparent du dernier. Nous pouvons en induire sa prédominance dans la pensée grecque. Le mérite que nous attribuons à la force de caractère, à la puissance de volonté, à la liberté morale conçue par nous comme un attribut de la volonté, les Grecs semblent l'avoir attribué à l'intelligence. Les Sophistes les ont alléchés par des promesses, souvent fallacieuses il est vrai, de puissance intellectuelle, de pouvoir politique acquis par l'indépendance d'esprit dont une éloquence — qui ne connait point l'obstacle des convictions sincères — est l'effet. Le citoyen de la Grèce antique n'est pas séduit autant par l'espoir d'un progrès matériel que par celui d'un progrès artistique ou intellectuel.

Socrate, lui, dit : Tout ce qui est vraiment bon est utile, mais tout ce qui est vraiment utile l'est à quelque chose. Et ce quelque chose que Socrate ne précise pas toujours, mais qu'il détermine toujours de la même façon quand il le fait, c'est le bien de l'intelligence, la *Science.*

Ni Socrate, ni Platon, ne conçoivent ce que nous appelons liberté en métaphysique et morale; Aristote lui-même ne le conçoit guère, bien qu'il ait émis une remarquable théorie de la Contingence.

« L'homme vertueux, juste, courageux, est d'après Socrate celui qui sait ce qui est bon et juste... Mais qu'est le bien lui-même? Le bien n'est justement que le concept envisagé comme fin, et faire le bien, c'est simplement accomplir l'action conforme au concept de la chose : c'est donc *la science elle-même dans son application pratique.* » (1).

On peut s'étonner qu'après avoir si bien indiqué le caractère de la morale socratique, Zeller ait cherché à y voir un pur utilitarisme (2). Sans doute Socrate justifie, d'après Xénophon, la tempérance, l'endurance, la modestie, l'amitié, le dévoûment à la République, l'obéissance aux lois, par l'utilité individuelle ou collective. Mais

(1) Zeller. Trad. Boutroux, t. III, p. 136, p. 124 de l'ouvrage allemand
(2) Cf. p. 139, trad. 126-7, texte.

tellectuelle : la sagesse, produit de la science et en particulier de cette science supérieure qui s'appelle la Dialectique; ou tout au moins (si nous pouvons mettre au même niveau la conception des Lois et celle de la République) la prudence, fruit d'une grande expérience chez les vieillards depuis longtemps exercés à la pratique des affaires publiques.

C'est la contemplation des Essences éternelles qui peut seule assurer la valeur politique à l'homme mûr, préparé depuis son enfance même à l'exercice du pouvoir. Comment un grand nombre d'individus, le plus grand nombre des habitants d'une cité, pourraient ils dans de telles conditions être appelés au pouvoir, s'il faut que l'Intelligence règne et si l'Intelligence ne peut pleinement se développer que chez quelques hommes prédestinés, convenablement éduqués ? Il s'ensuit que les peuples ne seront heureux que lorsque les *dialecticiens seront rois ou les rois dialecticiens.*

VI. — La liberté

L'intellectualisme chez Aristote est assurément le principe; mais il est tempéré par un sens pratique très vigoureux qui allie au bon sens de Socrate la puissance d'investigation et la profondeur de la pensée.

L'homme, le citoyen n'est pas une pure intelligence, s'il n'était qu'esprit, il n'agirait jamais. Il est en outre volonté et volonté libre.

Les actions de l'homme ont pour cause le désir et l'appétit (1) ; le moyen par lequel le Bien immobile, l'idéal à réaliser, meut l'homme, c'est le désir, acte commun à l'âme et au corps (2). Ainsi l'action morale relève de la psychophysiologie (3), comme en relève d'ailleurs l'imagination qui est étroitement unie à l'appétition (4). Mais l'imagination peut être affectée par la raison ou bien rester purement sensitive (5) : si elle reste soumise à l'empire des sens, nous demeurons dans le règne animal inférieur à l'homme; si l'imagination est affectée par la raison, nous entrons dans le domaine de la liberté, par la délibération et le choix.

---

(1) Eth. IV. 3 I. III 6.
(2) De an. III. 10 433 615.
(3) *Id.* 433 621.
(4) *Id.* III. 10 ad finem.
(5) *Id.*

Tout ceci est d'une solide psychologie. De nos jours, nous ne saurions affirmer avec plus de netteté que l'action exige des images concrètes, et que l'action morale exige l'intervention de la raison au sein des processus imaginatifs. Nous ne pouvons dire mieux non plus, quand il s'agit de la détermination psychophysiologique de nos appétitions ; nous y ajoutons tout au plus quelques notions plus précises sur les connexions nerveuses et les processus cérébraux qui servant de base à la succession de images et à l'association des idées font la détermination de nos désirs et tendances, constituent l'essentiel du déterminisme moral.

Pouvons-nous ajouter maintenant à ce que dit Aristote de la liberté ? On ne saurait délibérer, dit-il, sur le nécessaire. La Raison qui aperçoit le nécessaire, la Science qui a pour objet le nécessaire, ne peuvent avoir que des rapports indirects avec l'action surlaquelle on délibère, action contingente, si la délibération n'est pas chose absurde (1). La Raison se contente de poser des principes généraux qui sont vrais pour autant qu'ils sont rationnels. Posséder ces principes, c'est avoir toute la science nécessaire à l'action morale. Mais cela ne suffit pas. Si nul homme n'est méchant volontairement, en ce sens que nul ne veut le mal en général, ou constate cependant qu'au cours de la délibération, les tendances, les passions, entrant en conflit avec la raison droite, font commettre des fautes. Le syllogisme de l'action est loin d'être infaillible : la mineure est souvent fausse, et alors on agit mal, bien qu'on soit parti de vérités certaines. On agit mal par faiblesse de volonté, par ακρασια, manque de liberté (2). Est libre en effet, l'homme maître de soi, l'homme qui gouverne ses tendances, qui transforme son désir en βουλευτικη ορεξις, au lieu de céder à des impulsions purement passionnelles et animales. L'homme est un premier principe d'action, αρχη πραξεων. Ses actes libres ont pour cause immédiate son caractère essentiellement rationnel (3).

Le bon citoyen sera donc l'homme qui aura appris à gouverner ses tendances et non pas seulement, comme l'eussent exigé les doctrines de Socrate et de Platon, qui aura meublé son esprit de vérités scientifiques.

---

(1) *De anima* III. 9 et 10, 432 630 399. Eth. Nic. III. 7. Cf. π. ερμεν IX, XIII
(2) Eth. Nic VII., 4,5.
(3) Eth. Nicom. III. 1609 b34 sqq,

Dans les temps modernes, cette place faite par Aristote à la passion et à la volonté raisonnable dans la conduite individuelle s'est sans cesse élargie : la *liberté* est devenue, avec la métaphysique politique qui tenait lieu de sociologie, le pivot de la conception du citoyen. Devons-nous nous en féliciter ou bien devons-nous rendre justice à l'intellectualisme mitigé d'Aristote?

C'est que nous n'avons point en réalité une conception plus nette de la liberté morale ou métaphysique. Nous avons sans doute fait quelque progrès dans la spéculation idéaliste; le résultat en a été cependant non une conception positive de la liberté, mais plus de hardiesse en face du déterminisme scientifique (que de nos jours, des savants tels que Munsterberg (1) n'hésitent plus à déclarer étranger à la réalité, au monde des agents créateurs, que nous devons supposer libres). Toutefois quand il s'agit de concevoir cette liberté nous ne pouvons la rapporter, comme Aristote l'a fait, qu'à notre caractère foncier, rationnel. Il reste donc, comme Aristote et les Grecs en général l'avaient bien vu, que l'obéissance à la raison et par conséquent à la loi soit le plus haut degré de liberté qui puisse caractériser le citoyen.

Les plus grands historiens ont reconnu dans le peuple grec cet amour de l'indépendance, de la liberté qui repose sur le respect de la loi. « La loi, dit M. Renouvier (2), c'est le grand mot, c'est la grande chose que donnèrent au monde les vieilles républiques de la Grèce et de l'Italie. » C'est, dit Zeller (3) sur « la liberté personnelle que repose cette fière conscience de sa valeur propre qui place l'Héllène tellement au dessus de tous les Barbares. Aucun peuple ne s'est élevé avec une telle indépendance au dessus de la pure nature, et nul n'a su, avec un tel idéalisme, faire de l'existence sensible le simple support de l'existence intellectuelle. »

Cependant nous devons faire ici une remarque qui a son importance à la fois pour la théorie de la connaissance et pour la science politique. L'intellectualisme des Grecs et de leurs plus grands penseurs les a amenés à faire de la *Loi* comme de la *Raison* quelque chose d'impersonnel, de figé, d'immuable, d'éternellement nécessaire.

---

(1) Grundzuge der Psychologie.
(2) Op. cit. I. p. 84.
(3) Op. cit. I. p. 128. Trad. Boutroux.

Ils ont méconnu l'importance de la croyance et ils lui ont opposé la certitude alors qu'il n'y a pas de certitude absolue, qu'il n'y a que des croyances personnelles et que les principes rationnels ne sont que des convictions universellement répandues peut-être, mais qui reçoivent leur nécessité de la puissante adhésion volontaire des esprits individuels.

En conséquence, ils ont pu croire à la valeur morale et sociale du dogmatisme; et ils ont pu être amenés à l'intolérance par le culte de la Raison elle-même. Il faut éviter le retour de ces périodes néfastes où les persécuteurs se réclament sincèrement d'un droit supérieur, celui de faire triompher ce qu'ils appellent la Vérité, pour supprimer toute liberté, méconnaître tous les droits de persécutés, non moins sincères que leurs bourreaux.

Les vérités rationnelles ne peuvent s'établir que par le concours des croyances individuelles, que par l'accord des esprits méthodiquement conduits par la démonstration ou l'expérimentation scientifiques à la possession d'une vérité humaine, c'est-à-dire relative.

La Science, quel que soit son objet, et surtout la science politique, encore à son berceau, ne saurait être au point de vue sociologique qu'un moyen de réaliser l'accord des hommes en proposant à leur adhésion volontaire des affirmations susceptibles de devenir universelles et, partant, nécessaires.

Le citoyen, tel que nous le concevons, est donc celui qui trouve sa liberté dans l'obéissance à la Raison, sa fin dans un système rationnel à réaliser, sa signification dans l'accomplissement d'obligations rationnelles, sa dignité dans une culture intellectuelle aussi complète que possible ; mais qui, en outre, contribue par sa propre réflexion et ses propres recherches à l'établissement du système rationnel que son intelligence lui permet de concevoir, que sa sensibilité et sa volonté lui font aimer et lui font choisir.

CONCLUSION : Ne sont pas vraiment citoyens tous ceux qui se décerne ce beau titre; mais pour avoir un nombre croissant de vrais citoyens dans une véritable démocratie, il faut amener les gens à l'*indépendance* de la volonté morale à la *tolérance* à l'égard des opinions raisonnées d'autrui par l'instruction scientifique, l'éducation philosophique, la libre *discussion* dans laquelle se forme le sens critique et le sens politique.

REVUE INTERNATIONALE

de

SOCIOLOGIE

PUBLIÉE TOUS LES MOIS, SOUS LA DIRECTION DE

RENÉ WORMS

AVEC LA COLLABORATION ET LE CONCOURS DE

MM. **Ch. Andler**, Paris. — **A. Asturaro**, Gênes. — **A. Babeau**, Troyes. — **M. E. Ballesteros**, Santiago. — **P. Beauregard**, Paris. — **R. Berenger**, Paris. — **M. Bernes**, Paris. — **J. Bertillon**, Paris. — **A. Bertrand**, Lyon. — **L. Brentano**, Munich. — **Ad. Buylla**, Oviedo. — **Ed. Chavannes**, Paris. — **E. Cheysson**, Paris. — **R. Dalla Volta**, Florence. — **J. Dallemagne**, Bruxelles. — **E. Delbet**, Paris. — **H. Denis**, Bruxelles. — **C. Dobrogeanu**, Bucarest. — **P. Dorado**, Salamanque. — **M. Dufourmantelle**, Paris. — **L. Duguit**, Bordeaux. — **A. Dumont**, Paris. — **P. Duproix**, Genève. — **A. Espinas**, Paris. — **Fernand Faure**, Paris. — **E. Ferri**, Rome. — **G. Fiamingo**, Rome. — **A. Fouillée**, Paris. — **R. de la Grasserie**, Rennes. — **A. Giard**, Paris. — **Ch. Gide**, Montpellier. — **L. Gumplowicz**, Graz. — **H. Hauser**, Clermont. — **P. Guiraud**, Paris. — **M. Kovalewsky**, Beaulieu. — **F. Larnaude**, Paris. — **Ch. Letourneau**, Paris. — **E. Levasseur**, Paris. — **P. de Lilienfeld**, Saint-Pétersbourg. — **A. Loria**, Padoue. — **J. Loutchisky**, Kiew. — **John Lubbock**, Londres. — **J. Mandello**, Budapest. — **L. Manouvrier**, Paris. — **P. du Maroussem**, Paris. — **T. Masaryk**, Prague. — **Carl Menger**, Vienne. — **G. Monod**, Paris. — **F. S. Nitti**, Naples. — **J. Novicow**, Odessa. — **Ed. Perrier**, Paris. — **Ch. Pfister**, Nancy. — **Georges Picot**, Paris. — **Ad. Posada**, Oviedo. — **O. Pyfferoen**, Gand. — **A. Raffalovich**, Paris. — **M. Revon**, Paris. — **Th. Ribot**, Paris. — **Ch. Richet**, Paris. — **E. de Roberty**, Tver. — **V. Rossel**, Berne. — **Th. Roussel**, Paris. — **A. Schæffle**, Stuttgart. — **F. Schrader**, Paris. — **G. Simmel**, Berlin. — **C. N. Starcke**, Copenhague. — **L. Stein**, Berne. — **S. R. Steinmetz**, Utrecht. — **G. Tarde**, Paris. — **J. J. Tavares de Medeiros**, Lisbonne. — **F. Tœnnies**, Hambourg. — **A. Tratchewsky**, Saint-Pétersbourg. — **E. B. Tylor**, Oxford. — **E. Van der Rest**, Bruxelles. — **I. Vanni**, Rome. — **J. M. Vincent**, Baltimore. — **P. Vinogradow**, Moscou. — **E. Westermarck**, Helsingfors. — **Emile Worms**, Rennes. — **L. Wuarin**, Genève.

Secrétaires de la Rédaction : **Ed. Herriot**. — **Al. Lambert**. — **G.-L. Duprat**.

Abonnement annuel : FRANCE : 18 fr. UNION POSTALE : 20 fr.

PARIS

V. GIARD & E. BRIÈRE, ÉDITEURS

16, RUE SOUFFLOT ET 12, RUE TOULLIER

LIBRAIRES CORRESPONDANTS :

BENDA, à Lausanne.	LOESCHER & Cie, à Rome.		
BROCKHAUS, à Leipzig.	MAYOLEZ et AUDIARTE, à Bruxelles.		
FEIKEMA CAARELSEN & Cie, à Amsterdam.	NUTT, à Londres.		
FERIN & Cie, à Lisbonne.	STAPELMOHR, à Genève.		
GEROLD & Cie, à Vienne.	STECHERT & Cie, à New-York.		
KRAMERS & fils, à Rotterdam.			

BIBLIOTHÈQUE SOCIOLOGIQUE INTERNATIONALE

publiée sous la direction de

RENÉ WORMS

Secrétaire général de l'Institut International de Sociologie

Cette bibliothèque se compose de volumes in-8, cartonnés toile souple.

Ont paru :

RENÉ WORMS : *Organisme et Société*	8 fr.
PAUL DE LILIENFELD : *La Pathologie sociale*	[illegible] fr.
FRANCESCO S. NITTI : *La Population et le Système social*	7 fr.
ADOLFO POSADA : *Théories modernes sur les origines de la Famille, de la Société et de l'État*	[illegible] fr.
SIGISMOND BALICKI : *L'État comme organisation coercitive de la Société politique*	[illegible] fr.
JACQUES NOVICOW : *Conscience et Volonté sociales*	[illegible] fr.
FRANKLIN H. GIDDINGS : *Principes de Sociologie*	[illegible] fr.
ACHILLE LORIA : *Problèmes sociaux contemporains*	[illegible] fr.
MAURICE VIGNES : *La Science sociale d'après les principes de Le Play et de ses continuateurs*, 2 volumes	[illegible] fr.
M. A. VACCARO : *Les Bases sociologiques du Droit et de l'État*	[illegible] fr.
LOUIS GUMPLOWICZ : *Sociologie et Politique*	8 fr.
SCIPIO SIGHELE : *Psychologie des Sectes*	7 fr.
G. TARDE : *Études de Psychologie sociale*	[illegible] fr.
MAXIME KOVALEWSKY : *Le Régime économique de la Russie*	[illegible] fr.
C. N. STARCKE : *La Famille dans les diverses sociétés*	7 fr.
RAOUL DE LA GRASSERIE : *Des Religions comparées au point de vue sociologique*	[illegible] fr.
JAMES MARK BALDWIN : *Interprétation sociale et morale des principes du développement mental*	12 fr.
G. L. DUPRAT : *Science sociale et Démocratie*	[illegible] fr.
E. LAPLAIGNE : *La Morale d'un Égoïste, essai de morale sociale*	7 fr.
JACQUES LOURBET : *Le Problème des sexes*	7 fr.
E. BOMBARD : *La Marche de l'Humanité et les grands Hommes d'après la doctrine positive*	[illegible]
RAOUL DE LA GRASSERIE : *Les Principes sociologiques de la Criminologie*	10 fr.
ABEL [illegible] : *La Recherche de la paternité*	12 fr.

Paraîtront successivement :

JOAQUIN COSTA, membre de l'Académie Royale de Madrid et de l'Institut Int. de Sociologie : *Le Collectivisme agraire en Espagne, les doctrines et les faits.*

MAXIME KOVALEWSKY, membre de l'Inst. Int. de Sociologie : *La France économique et sociale à la veille de la Révolution. — Tableau des origines et de l'évolution de la famille et de la propriété* (nouvelle édition).

ARTHUR BAUER, membre de la Société de Sociologie de Paris : *Les Classes sociales* (ouvrage récompensé par l'Institut de France).

CH. LETOURNEAU, membre de l'Institut International de Sociologie : *La Condition de la Femme dans les diverses races et sociétés.*

Les volumes de la collection peuvent aussi être achetés brochés avec une diminution de 2 francs.

Beaugency. — Imp. Laffray Fils et Gendre.

www.ingramcontent.com/pod-product-compliance
Ingram Content Group UK Ltd.
Pitfield, Milton Keynes, MK11 3LW, UK
UKHW032029260826
14628UKWH00006B/2823

9 782019 713713